Découvrez l'histoire par les archives de presse

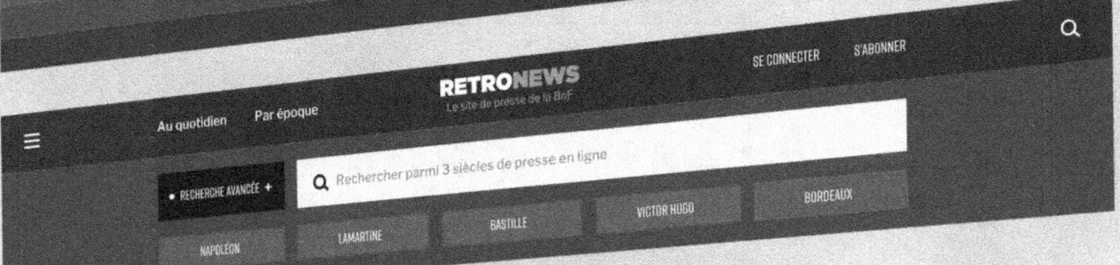

RETRONEWS

Le site de presse de la BnF

www.retronews.fr

BULLETIN

DE LA

SOCIÉTÉ ARCHÉOLOGIQUE

DE NANTES

ET DU DÉPARTEMENT DE LA LOIRE-INFÉRIEURE

TOME TRENTE-NEUVIÈME

ANNÉE 1898

DEUXIÈME SEMESTRE

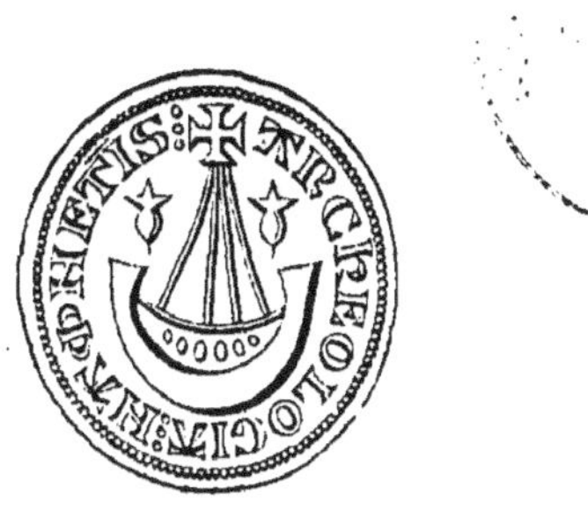

NANTES

BUREAUX DE LA SOCIÉTÉ ARCHÉOLOGIQUE

—

1898

SOCIÉTÉ ARCHÉOLOGIQUE

DE NANTES

Loire Inférieure

A 30

LE GÉNÉRAL

PAROISSE DE BATZ

1732-1738

C'est seulement de nos jours que des savants cherchent l'histoire de nos paroisses dans les registres des délibérations prises par le général, et il me semble qu'il n'y a pas de documents plus convenables pour nous faire connaître la vie communale de nos ayeux, dont nous ne savions pas encore grand'chose il y a un demi-siècle. Les généraux de paroisse fonctionnaient depuis fort longtemps lorsque la tenue d'un registre de leurs délibérations fut rendue obligatoire par un édit du Parlement de Bretagne du 11 mars 1689.

M. l'abbé Clenet, curé du Croisic, ayant mis très obligeamment à ma disposition celui du général de la paroisse de Batz, qui embrasse le temps compris entre le 26 décembre 1732 et le 26 décembre 1738, j'ai pensé qu'il pouvait y avoir quelque intérêt à en présenter un résumé à la Société Archéologique. Le livre a 200 pages in-folio et il est paraphé à chaque feuillet.

Les trois communes actuelles du Croisic, de Batz et du Pouliguen, ne formaient, avant 1763, qu'une seule paroisse sous le nom de Batz et elle était administrée par deux Conseils élus qui étaient :

1° *La communauté de ville du Croisic et de la paroisse de Batz.* — Ce Conseil avait dans ses attributions les ports du Croisic et du Pouliguen, la réparation des quais, le curage des chambres, l'entretien du château et la nomination du

— 194 —

miseur chargé des recettes et des dépenses de la communauté. Il était nommé par les bourgeois et manants représentant la plus saine et la meilleure partie des habitants de la paroisse ; il avait son maire et son procureur syndic et il était présidé par le capitaine du château. Aux réunions de la communauté assistaient : le gouverneur de la ville pour le roi, trois gentilshommes demeurant dans la ville, les anciens maires et procureurs syndics ; les premiers marguilliers, les anciens administrateurs de l'Hôtel-Dieu, le capitaine et le lieutenant de la milice bourgeoise. La présence de douze délibérants au moins était nécessaire pour permettre à la réunion de prendre des décisions.[1]

2° *Le général de la paroisse de Batz.* — Nous allons parler dans cet essai de l'administration de ce Conseil.

Le nom de général de la paroisse s'appliquait à l'ensemble des habitants notables, aussi bien qu'aux membres du Conseil réunis en assemblée. Les réunions comprenaient généralement une vingtaine de membres. Nous indiquons dans le tableau ci-après la qualité des membres présents pour six des plus importantes réunions tenues de 1732 à 1738. Après le nom et la qualité de ces membres, le registre porte quelquefois cette mention : *et autres* ou *plusieurs autres bourgeois* ; ce que le tableau marque ici par la lettre x.

COMPOSITION des RÉUNIONS	Recteur ou son vicaire	Maire en charge	Anciens maires de la communauté	Anciens Marguilliers	Directeurs de l'hôtel-D		Nobles ou gentilshommes	Avocats	Notaires	Anciens bourgeois	Autres bourgeois	TOTAL
					en charge	anciens						
Nominations des Marguilliers — En 1732 .	1	1	3	4	»	2	»	2	2	»	x	15 + x
— 1734 .	1	1	»	6	1	2	1	1	1	2	x	16 + x
— 1736 .	1	1	1	7	»	3	1	1	2	»	x	17 + x
— 1738 .	1	1	2	7	»	1	2	»	1	»	x	15 + x
Réunion du 26 février 1736 .	1	1	2	4	»	3	»	»	2	1	»	14 .
— 7 juillet 1737 .	1	»	1	8	»	2	»	»	1	7	»	20

[1] *Histoire du Croisic*, par M. Caillo.

On voit que les anciens marguilliers étaient toujours nombreux dans ces réunions.

Le général faisait administrer les affaires de la paroisse par deux marguilliers. Ces deux membres, dits *marguilliers en charge*, géraient ces affaires suivant l'usage ordinaire et *conformément à la décision du général* : ils s'occupaient des travaux et réparations à faire aux églises, au presbytère et au cimetière ; ils réglaient les places des prêtres de chœur, souvent vacantes, et donnaient leur avis sur les messes de fondation ; ils acceptaient les dons, les rentes en nature ou en argent ; ils louaient les biens fonciers et plaçaient l'argent en rentes ; ils représentaient la paroisse lorsqu'elle avait des procès. Ils assistaient à toutes les réunions du général et commençaient par en exposer l'objet. Ils étaient renouvelés tous les deux ans, le 26 décembre, lendemain de Noël.

Pendant ces six années, de 1732 à 1738, les délibérations du général furent toujours prises de la même manière et la nomination des deux marguilliers se fit régulièrement de deux ans en deux ans et comme suit : La convocation du général était annoncée, au son de la cloche, dans les églises de Batz et du Croisic, le dimanche qui précédait le jour de la réunion, et elle était renouvelée ce jour-là même ; les membres s'assemblaient, tour à tour, dans la sacristie de ces deux églises.

Au début de la séance, les deux marguilliers exposaient que les deux années de leur charge allaient expirer et qu'il y avait lieu de nommer, suivant l'usage, deux nouveaux marguilliers, pour deux ans également ; ils priaient le général de délibérer et de *croiser* sur les listes qui leur étaient soumises. Le premier marguillier dressait, sur le régistre des délibérations, une première liste de quatre ou cinq noms sous le titre de : « Liste de Messieurs les Bourgeois de la ville du Croisic pour « l'un d'eux être premier marguillier. » Le second marguillier en dressait une seconde à la suite sous le titre de : « Liste de « Messieurs les Bourgeois et habitants du Pouliguen et des « champs de Batz pour l'un deux être second maguillier ».

Chaque nom occupait une ligne et il était écrit au commencement.

Les deux listes étant dressées, chacun des assistants venait tracer un trait vertical sur la ligne horizontale, à la suite du nom de son choix. C'est ce qu'on appelait *croiser*. Le général proclamait aussitôt les résultats du scrutin. Les marguilliers entraient en charge six jours plus tard, le 1er janvier.

Le général ne délibérait jamais sans être en nombre suffisant. Quoique cela ne soit point exprimé, il me semble qu'il fallait douze membres au moins pour permettre à l'assemblée de prendre une décision. Dans les quatre nominations de marguilliers effectuées de 1732 à 1738, j'ai relevé 21, 16 et 15 votants. Lorsqu'il arrivait que la réunion n'était pas assez nombreuse, le général refusait de délibérer et le premier marguillier faisait des réserves sur les dommages qui pouvaient en résulter pour la paroisse. Il en fut ainsi pour un certain nombre de séances ordinaires. Tous les membres présents n'avaient pas voix délibérative ; il s'agit probablement de ceux qui sont désignés par : *et autres bourgeois*, et qui faisaient partie du général tout entier.

Le registre des délibérations commence par un *inventaire des actes, titres et renseignements* concernant le temporel des églises de Saint-Guénolé-de-Batz et de Notre-Dame-de-Pitié du Croisic. Au mois de juillet 1731, le général avait chargé les deux marguilliers en fonctions de dresser ce document conjointement avec deux anciens directeurs de l'hôtel-Dieu du Croisic. L'inventaire fut fait en présence du *recteur de Batz et Croisic*, avec l'assistance du notaire royal de Guérande, et il est inscrit tout au long en tête du registre où il occupe une vingtaine de pages in-folio. Le premier acte mentionné est de 1513. Voici le résumé des biens, provenant de dons et d'acquisitions, qui y sont inscrits.

1° 158 œillets de marais salants, représentant environ 12 hectares, situés dans l'île de Batz et la paroisse de Guérande ;

2° 166 livres de rentes sur maisons, terre et jardins ;

3° 72 livres, 4 sous, 5 deniers de rentes, franchissables par 1300 livres de capital ;

4° 2800 livres pour placer en rentes ;

On y trouve en outre :

3 sillons de terre évalués 20 livres ;

1 maison rue des Cordiers ;

1/3 de logis et jardin ;

1 jardin pour qu'il soit dit deux messes ;

58 sillons de pré : à ce sujet, les marguilliers étaient tenus de faire dire et chanter, par deux enfants, un *salut* et trois *ave maria*, et de donner à ces enfants 18 livres par an de 6 mois en 6 mois.

Les capitaux provenant de dons ou de ventes devaient être, sans trop de retard, placés en rente par les marguilliers.

A cet effet, ceux-ci annonçaient par publications, le montant de la somme à placer, les conditions du placement et le jour de réception des demandes. Au jour indiqué, ils admettaient la demande de celui qui présentait les offres les plus avantageuses ou les meilleures garanties. S'il ne se présentait personne ou si les demandeurs n'offraient pas des garanties suffisantes, le premier marguillier, autorisé par l'Assemblée, faisait le placement *aux péril et fortune* du général, par grosses parts, autant que possible, et à des personnes solvables fournissant caution.

Parmi les actes inventoriés, « une délibération du général « des habitants de la paroisse de Batz, du 13 juin 1675, » porte, en autres choses « que le *sacriste* de Saint-Guénolé de Batz « *envoiera* les ornements et statues d'argent au Croisic, à la « manière accoutumée, toutes et quantes fois il en sera besoin, « faute de quoi il sera destitué et mis un autre à sa place. »

Nous voyons, dans un autre de ces actes, qu'il y avait un vicaire perpétuel de Batz et Croisic et un prieur de la paroisse : le premier nommé par l'abbé de Landevenec, dont dépendait le prieuré de Batz, le second par la cour de Rome. Les intéressés ne s'entendaient pas toujours sur leurs droits respectifs et il y eut, à ce sujet, un procès qui commença en 1647 et se termina le 13 mai 1650 en aveur du prieur de la paroisse. En 1695, une sentence du présidial de Nantes fut favorable au vicaire perpétuel ; mais en 1696, un arrêt de la cour annula la sentence et maintint le recteur qui tenait sa nomination de Rome.

Le pape nommait alors aux cures de Bretagne pendant huit mois de chaque année ; les quatre autres mois appartenaient à l'évêque. Lorsque la nomination était à l'alternative, chaque partie avait six mois : janvier appartenait au pape, février à l'évêque, et à suivre alternativement. Le pape renonça à son droit en 1740.

Nous allons maintenant passer en revue le registre des délibérations.

Le 26 décembre 1732, les deux nouveaux marguilliers furent donc nommés par le général réuni dans la sacristie de l'église de Batz. L'assemblée comprenait dix-sept membres, qui sont nommés et désignés sur le registre, et plusieurs autres bourgeois sans indication de noms ni de nombre. Il y eut 21 votants, à chaque scrutin, le premier marguillier obtint 17 voix et le second 19 voix.

Quatre jours après, le 30 décembre, le marguillier en chef sortant rendit au marguillier en chef rentrant l'inventaire des objets d'or et d'argent, chasubles et linges appartenant à l'église de Notre-Dame-de-Pitié de la ville du Croisic.

1733. — Le 8 février 1733, le premier marguillier communiqua au général un mandement de Mgr l'évêque de Nantes portant, notamment, le règlement des honoraires du clergé et des droits des fabriques du diocèse. Après avoir entendu la lecture de cet acte, l'assemblée invita le premier marguillier « à se donner l'honneur » d'écrire au seigneur évêque, de lui faire observer que le mandement contient plusieurs articles préjudiciables à cette *fabrice* et au public et de demander à Sa Grandeur la liberté de suivre l'ancien usage.

Le 4 avril le général nommait, dans la forme ordinaire, un second marguillier pour remplacer le titulaire décédé. Il y eut treize votants et l'élu obtint neuf voix.

Un débiteur ayant affranchi une rentes de 19 livres 8 sous 10 deniers, par le versement d'une somme de 350 livres. et le général ayant autorisé le placement de ce capital, le premier marguillier, après publications faites au Croisic et à Batz, reçut trois demandes et il admit celle qui lui parut présenter les meilleures garanties de solvabilité.

Il y avait alors six prêtres de chœur.

Dans sa réunion du 27 décembre, le général reconnut que la maison d'habitation du curé de *Bas* était en mauvais état et décida qu'elle serait rebâtie à neuf aux frais « tant des « habitants de la paroisse que des propriétaires y possédant « des biens. »

1731. — L'année 1733 avait eu dix-sept réunions du général. En 1734, il y en eut dix seulement. On procéda au remplacement des marguilliers le 26 décembre : il y eut 16 votants et chacun des marguilliers fut nommé par 12 voix. Le 29 décembre, le premier de ces marguilliers reçut de son prédécesseur, en présence du prêtre, les ornements inventoriés de l'église du Croisic et il en donna décharge.

1735. — Les réunions de 1735, au nombre de cinq seulement, furent tenues au Croisic, et ne présentèrent rien de saillant. Les convocations pour les petites affaires étaient annoncées par publication et au son de la cloche le dimanche même de la réunion.

1736. — Au mois de février 1736, une demande de 3259 livres 11 sous fut adressée aux marguilliers, par mandement des commissaires des Etats de Bretagne, pour l'*imposition du dixième du revenu des biens ruraux de la paroisse ;* le mandement était accompagné d'un arrêté des commissaires du bureau diocésain de Nantes en date du 4 février. Les deux documents furent publiés le 19 au prône de la grand'messe et placés sous les yeux du général le 26. L'assemblée compo-

sée de 14 membres, décida qu'ils seraient remis par les marguilliers au maire syndic de la ville du Croisic, que ce magis-
trat et les commissaires nommés par la communauté procé-
deraient à la répartition du dixième selon l'usage, et que le
montant du rôle serait payé aux bureaux indiqués dans le
mandement.

On voit que le général et la communauté étaient chargés de
la perception des contributions levées au profit du roi. Nous
allons les voir opérer dans la rentrée des impôts concernant
la communauté et la paroisse.

La paroisse avait emprunté en 1702, pour un besoin pres-
sant, une somme totale de 2000 livres, dont 500 livres seulement avaient été remboursées. La créance de 1500 livres,
augmentée de 1366 livres 8 sous 6 deniers par les intérêts de
retard, les frais d'avocats et les avances des marguilliers,
avait été portée à 2866 livres 8 sous 6 deniers[1]. Sur la requête
présentée au roi par les nobles, bourgeois et habitants de la
ville du Croisic, le roi avait ordonné, par un arrêt rendu en
Conseil d'Etat, que la somme serait payée et avancée par le
miseur, sous forme d'emprunt, sur les fonds de la ville et
communauté, et qu'elle serait remboursée en 1736 et 1737, par
portions égales, au moyen d'une levée spéciale faite sur tous
les habitants et propriétaires des maisons et héritages situés
dans la ville du Croisic, exempts et non exempts, privilégiés
et non privilégiés. La communauté de ville, que cette affaire
concernait, était invitée à nommer quatre anciens notables
pour répartir ladite somme entre les contribuables, à faire
vérifier les rôles et les rendre exécutoires par l'intendant, et
enfin à en faire opérer les recouvrements par des collecteurs
de son choix. La communauté donna suite à ces diverses

[1] Au prêteur: capital 1500 l., intérêts 833 l. 6 s. 8 d. frais 67 l. 6 s.   2401 l   0 s   8 d
Aux marguilliers pour avances.   158   10   »
A l'avocat.   111   10   »
Divers.   195   7   10
                    TOTAL.. . . . .   2866 l   8 s   6 d

opérations et le général, après avoir pris lecture des pièces communiquées, décida que l'arrêt, les contrats et quittances seraient enregistrés et déposés aux archives *pour y avoir* recours. Toutes les pièces sont en effet copiées à la suite sur le livre des délibérations.

Ainsi les deux conseils, le général et la communauté, prenaient connaissance des affaires de la paroisse : mais chacun d'eux ne s'occupait spécialement que de celles qui le concernaient.

Le 15 juillet 1736, le général nomma, pour une nouvelle période de neuf ans, l'organiste des églises de Batz et du Croisic. Le 25 novembre, il approuva, pour une durée de sept ans, le marché concernant l'entretien, et le rétablissement des tombes de l'église de Batz, enfin le 26 décembre, il procéda à l'élection des deux marguilliers pour 1737 et 1738 : il y eut 16 votants mais le nombre des membres présents était plus grand, et plusieurs bourgeois s'étaient retirés ; les deux élus obtinrent 16 et 14 voix.

Le 29, le marguillier en chef sortant dressa l'inventaire des ornements de l'église du Croisic en présence du prêtre et de son successeur.

Les années 1736 et 1737 furent laborieuses pour ces fonctionnaires paroissiaux non rétribués.

En 1736, le général avait reconnu la nécessité de faire exécuter d'importantes réparations à l'église de Batz. En conséquence d'une ordonnance du 30 Juin, rendue par l'Intendant de Bretagne, et d'une délibération du 12 août, prise par le Général de la paroisse, des devis furent dressés avec soin et beaucoup de développements pour les maçonnerie, le pavé, la charpente, la couverture, la plomberie, le lambris, la menuiserie et le vitrage à exécuter ; l'ensemble de ces travaux y était évalué à la somme de 23050 livres.

Un avis publié et affiché à Rennes le 30 août, à Nantes et à Vannes le 1er septembre et au Croisic le 15 septembre, invitait les entrepreneurs à *comparoir*, les 24, 26 et 29 septembre, au bourg de Batz, devant le subdélégué de l'intendant de Bretagne chargé de recevoir les offres au rabais, à éteinte de bougie. Le 29 septembre, l'adjudication fut close par le subdélégué, ancien maire du Croisic, assisté d'un greffier et d'un notaire royal, en présence des deux marguilliers. Les soumissions durent être nombreuses car le rabais fut considérable, près de 32 pour cent. Les travaux furent adjugés à un entrepreneur de Redon pour une somme de 15 800 livres et l'adjudication fut régularisée le 21 octobre, après le dépôt du cautonnement.

1737. — Les travaux furent commencés avant l'arrivée à Batz de l'approbation royale du traité. Le 22 avril 1737, le général reçut de l'entrepreneur, par l'intermédiaire des marguilliers, la demande d'un premier acompte de 3950 livres représentant le quart des travaux ; mais comme il n'avait point encore reçu l'arrêt qui devait autoriser la levée dès deniers destinés à payer l'entrepreneur, il sollicita de l'Intendant l'autorisation d'emprunter cette somme au *miseur* de la communauté, s'engageant à la rembourser sur les premiers deniers de la levée qui serait faite à ce sujet.

Par un arrêt du 26 mars rendu en conseil d'Etat, le roi approuva l'adjudication des ouvrages et réparations à faire à l'église paroissiale de Batz et ordonna que la somme de 15800 livres, représentant le prix des travaux, serait imposée et levée sur tous les habitants et sur tous les propriétaires des biens fonds situés dans l'étendue de la paroisse, *exempts et non exempts, privilégiés et non privilégiés, ecclésiastiques, genstilshommes, roturiers, domestiques, gens de journées*, et ce par un seul rôle de répartition. L'arrêt portait que le rôle sera dressé le plus équitablement que faire se peut par quatre notables habitants nommés soit par le général, soit d'office par Mgr l'Intendant ou M. son subdélégué au Croisic, puis, qu'après avoir été rendu exécutoire, il sera remis à des collecteurs solvables qui en feront le recouvrement en quatre termes égaux dont le dernier devra échoir au mois de septembre 1738.

Pour se conformer aux stipulations de l'adjudication, le général désigna, le 19 mai et sur la demande des marguilliers, quatre commissaires du Croisic, un du Pouliguen et deux anciens marguilliers de Batz, pour examiner les travaux et les matériaux qu'on y devait employer ; les sept examinateurs étaient invités à s'adjoindre le recteur et les maguilliers en charge, et à marquer au fer à fleur de lys les bois examinés et reçus. Il nomma également sept membres pour procéder à la répartition du rôle des contributions,et décida enfin que les ressources pour payer les frais et avances et la confection de ce document seraient levées conjointement avec les 15800 livres, et que la taxe et liquidation de ces ressources serait faite par le subdélégué d'après les mémoires qui lui en seront présentés.

Le général ayant omis, dans cette réunion du 19 mai, de nommer des collecteurs pour *faire l'amas*, c'est-à-dire la perception, de la somme de 15800 livres, les marguilliers le lui rappelèrent dans la séance suivante du 2 juin. Ce jour-là, l'assemblée n'étant pas en nombre suffisant pour prendre une décision, les marguilliers protestèrent *de tout ce qu'ils doivent et peuvent protester* contre les défaillants. Dans la séance du 7 juillet, ils revinrent sur leurs *remontrances* des 19 mai et 2 juin : ils firent remarquer que le rôle était arrêté du 21 juin par les commissaires égailleurs nommés le 19 mai et qu'il était rendu exécutoire par l'ordonnance du 23 juin du subdégué de l'intendant, ils ajoutèrent que faute au général, et notamment *à ceux qui ont voix délibérative*, de nommer des collecteurs pour la cueillette de l'impôt, les marguilliers déclarèrent qu'ils entendaient abandonner le tout aux *péril et fortune* du général et des défaillants, ceux-ci devant supporter tous mauvais événements, dépens, dommages et intérêts pouvant résulter de la non nomination des collecteurs.

Cette fois l'assemblée comprenait 20 membres. Elle nomma 22 collecteurs à raison de deux par cueillette, savoir : au Croisic, 8 collecteurs pour les cueillettes du *Lanigo*, de *Notre-*

*Dame,*de *Saint-Christhophe* et de *Saint-Yves* ; à Batz, 12 collec-
pour celles du *bourg,* de *Kerlan et Kerdréan,* de *Kervalet,* de
Treyaté, de *Kermoisan,* de *Roffiat* ; au Pouliguen, 2 collecteurs pour la cueillette du *Pouliguen et Penchâteau.* Ces collecteurs avaient pour mission de recueillir, dans les quartiers
qui leur étaient assignés, les fonds des deux premiers termes
du rôle et d'en remettre le montant aux mains des marguilliers, en observant les délais fixés par l'ordonnance, sous
peine d'y être solidairement contraints par provision, même
par corps, comme pour les derniers royaux.

1738. — Des collecteurs en même nombre et choisis dans
les mêmes lieux, furent chargés dans la séance du 9 mars 1738,
de faire l'amas des deux derniers termes de la même manière
que pour les deux premiers.

La surveillance des travaux rendait la tâche des marguilliers
difficile: L'entreprise ne remplissait pas les conditions de son
marché : les matériaux étaient trouvés défectueux et les travaux subissaient des retards. Fatigués de protester en vain,
les marguilliers portèrent leurs plaintes devant le général et
celui-ci, dans sa séance du 24 mars, les chargea de présenter
en son nom, à l'intendant de Bretagne, une requête portant
que les approvisionnements étaient insuffisants, que les bois
n'étaient pas d'assez bonne qualité, qu'il y avait trop de châ-
taigniers, que le nombre de chevrons employés avait été réduit
de 1/7, que les ardoises étaient de qualité inférieure, que les
voûtes souffraient, que l'orgue était avarié[1]. Et cependant les
entrepreneurs avaient reçu des acomptes qui dépassaient la
valeur des travaux exécutés. La requête devait solliciter la
nomination, aux frais de qui il appartiendra, d'un architecte
pour visiter les travaux.

Les entrepreneurs répondirent à ces réclamations en adres-
sant au subdélégué de l'Intendant, un *plaidé* qui fut transmis

---

[1] Dans la séance du 18 août 1737, les marguilliers avaient été chargés par
le général de notifier aux entrepreneurs qu'ils étaient responsables des dégàts
survenus à l'orgue, pour ne pas l'avoir garanti contre la pluie.

au général et communiqué, le 20 juillet, aux commissaires chargés de la surveillance.

Les 10,17 et 24 août et 7 septembre, il y eut des réunions du général dans lesquelles les membres n'étaient pas en nombre suffisant pour délibérer. Les membres présents protestèrent contre les défaillants de tous dépens, dommages et intérêts. Il en fut ainsi à la réunion du 4 décembre.

Dans l'intervalle, en 1737, les chapelles de Notre-Dame-du-Mûrier de Batz et de Saint-Yves du Croisic avaient été réparées par les soins des Marguilliers et deux des cloches de l'église de Batz avaient été refondues.

Le général après avoir reconnu que deux des trois cloches de cette église étaient fêlées, avait, le 8 septembre, autorisé les marguilliers à passer marché pour les faire fondre et les remettre en place, moyennant une somme de mille livres et et un an de garantie. Elles furent fondues au bourg avec succès. Des commissaires avaient été chargés d'assister à leur réception, d'en visiter le métal et de vérifier les pesées. La descente des cloches, la fonte du métal et toutes les opérations nécessaires jusqu'à leur mise en place avaient pris une huitaine de mois. Le 2 juin 1738, le général nomma les deux parrains qui devaient assister au baptême des deux cloches en leur laissant le soin de choisir les deux marraines ; l'un deux fut le maire en charge de la ville et communauté du Croisic l'autre un ancien marguillier demeurant au Pouliguen.

Le général acheva l'année 1738 en nommant, le 26 décembre, les deux marguilliers qui devaient gérer les affaires de la paroisse pour les années 1739 et 1740 et terminer la laborieuse affaire des travaux de l'église de Batz. Quinze des membres présents prirent part au vote : le premier maguillier fut nommé par sept voix et le second par huit. Cette dernière réunion mentionnée sur le registre des délibérations, eut lieu dans la sacristie de l'église Saint-Guénolé-de-Batz.

Nous venons de voir l'action du général et des marguilliers

dans les affaires de la paroisse de Batz au cours du XVIII° siècle, conformément à un usage qui, sauf des modifications de détail et quelques réglementations, pouvait remonter à 300 ans ; nous avons vu le général prenant des décisions et les marguilliers se chargeant de l'exécution.

On n'a pas manqué de remarquer qu'en matière de recouvrements d'impôts, le pouvoir du général était plus étendu que n'est actuellement celui du conseil municipal. En effet : il choisissait dans la paroisse des *répartiteurs* ou *égailleurs* qui dressaient le rôle des contributions pour un objet déterminé, et des *collecteurs* chargés de recevoir les sommes portées aux articles du rôle. Le rôle, une fois terminé et rendu exécutoire par l'intendant ou son délégué qui résidait au Croisic, était confié aux collecteurs ; ceux-ci en faisaient la cueillette dans leurs quartiers respectifs et en versaient le montant aux marguilliers. Les collecteurs pouvaient être rendus solidairement responsables de leurs recettes ; les marguilliers, à leur tour, étaient responsables de l'argent confié à leurs soins ; ils avaient une responsabilité assez grande qui pouvait les atteindre dans leur fortune.

. Les communautés de ville, comme celle du Croisic, étaient très rares dans le comté nantais. Dans les paroisses où il n'y en avait point, le général avait des attributions plus nombreuses que celui de Batz. Il faisait percevoir les impôts royaux comme ceux de la paroisse et les marguilliers en étaient encore responsables. Cependant, tandis que beaucoup de privilégiés étaient exempts de l'impôt royal, personne ne pouvait se soustraire à l'impôt levé au profit de la paroisse : tous les habitants, tous les propriétaires y étaient soumis. C'est ainsi qu'aujourd'hui l'Etat, qui possède des biens dans une commune, paie à la commune des contributions pour ces biens.

Le *général de la paroisse* fut remplacé, en 1790, par le *Conseil municipal de la commune.* Ce conseil, lorsqu'il était réuni aux plus imposés qui furent supprimés en 1882, portait le nom de *Conseil général de la commune*.

La commune n'eut qu'une demi-existence de 1795 à 1800. La loi du 17 février 1800 lui rendit une partie des attributions que lui avait données la Constituante et la mit plus directement en rapport avec le pouvoir central que représentait le sous-préfet.

Les fabriques furent établies par la loi du 8 avril 1802, ayant pour attributions de veiller à l'entretien et à la conservation des temples, et d'administrer les biens et les ressources affectés à l'exercice du culte. Elles furent réglementées par un décret de 1809.

Le conseil municipal, d'une part, et le conseil de fabrique d'une autre part, tiennent actuellement la place du général de la paroisse ; mais celui-ci était loin d'avoir les nombreuses attributions qui sont aujourd'hui aux mains du conseil municipal et dont les écoles et les chemins vicinaux occupent le premier rang. Cependant il en avait de bien délicates : il choisissait les soldats qui devaient servir dans l'armée du roi, les *égailleurs* chargés de dresser le rôle de répartition des contributions applicables aux dépenses de la paroisse, les *collecteurs* chargés d'en faire la perception et le *miseur* qui centralisait les recettes et en faisait la dépense.

E. ORIEUX.

APPENDICE

NOMS DES HABITANTS DE LA PAROISSE DE BATZ

Relevés sur le Registre des délibérations du Général

PAR

M. L'ABBÉ CLENET CURÉ DU CROISIC

Réunion du 26 décembre 1732 — Fête de saint Étienne.

Présents : Messieurs Rielland, prêtre, recteur de cette paroisse ; du Sorinay le Querré, maire sindic en charge, écuyer ; Jean le Pourceau, sieur de Lenicobin, et François le Pourceau, sieur de Kercario ; Morvan et de la Grée Yviquel, anciens maires ; Klin du Bochet et Lemée, anciens premiers marguilliers ; de Messemé Goupil et Jacques Le Tilly, anciens seconds marguilliers ; Trevenant Loyseau et de Dressigné David, anciens directeurs de l'Hôtel-Dieu du Croisic ; Rathier et Baume fils, avocats ; Baume et Benoist, notaires royaux et plusieurs autres bourgeois.

De la part de nobles gens Jean le Besson, sieur du Parcjégo, premier marguillier, et Pierre Loyseau, second marguillier.

Liste de Messieurs les bourgeois de la ville du Croisic pour l'un deux être premier marguillier.

Messieurs : de Kvin Bourdic, de Dressigné David, de Kroux Maillard, de Parcjumel Tenguy. Bellinger et de la Grée Yviquel nommés par le dit sieur de Parcjégo suivant l'usage.

Liste de Messieurs les bourgeois et habitants du Pouliguen et champs de Bas pour un d'eux être second marguillier.

Messieurs : Guillaume Le Huédé fils Guillaume, Aubin Montfort, François Le Callo. Pierre le Torzec nommé par ledit sieur Loyseau suivant l'usage.

Mr Bellingé et François Le Callo, élus !

Réunion du Dimanche 26 décembre 1734

Présents : Messieurs Rielland, prestre recteur de cette paroisse ; Tenguy, maire en charge de la ville et communauté du Croisic, Raphaël, ancien marguillier ; de Kerval Le Fauché, avocat au Parlement ; Lartaudière du Bois, directeur en charge de l'Hôtel-Dieu ; de Kvin Bourdic et Charault de Careil, anciens bourgeois ; Michel Montfort, Julien Le Huédé, Louis Le Huédé, Vincent Le Huédé, Jacques Le Tilly, anciens marguilliers ; Benoist notaire royal et autres.

Réunion du dimanche 26 février 1736

Présents. Messieurs : Rielland, recteur ; de Parcjumel Tenguy, maire sindic en charge ; de la Grée Yviquel et du Sorinay Le Querré, anciens maires sindics ; Bellinger, de Messemó Goupil, Michel Montfort, Vincent et Louis Le Huédé, anciens marguilliers ; Loyseau Trevenant, Dresigné David, Lartaudière Dubois, anciens directeur de l'Hôtel-Dieu du Croisic ; Charault de Careil, ancien bourgeois, Benoist et Guyomart notaires royaux.

Noms des prêteurs de la somme de 2 mille livres : M. Audet, miseur de cette ville et communauté ; sieur de Parcjégo le Besson et sieur Bellinger, anciens marguilliers ; sieur de la Mote Degermes, avocat au Conseil ; sieur de Morinay Calvé ; la veuve des Forges Maillard et enfants et Benoist leur procureur ; sieur de la Grée Yviquel et du Sorinay le Querré.

Suivant l'ordonnance de Mgr de Pont Carré de Viarmes intendant.

Réunion du dimanche 15 juillet 1736

Le sieur Augustin Cotton du Chancy fut reçu pour organiste de Saint-Guignolay de Batz et de Notre-Dame-de-Pitié du Croisic pour 9 ans.

Réunion du 26 décembre 1736.

Présents : MM. Rielland, prestre-recteur ; de Parcjumel Tenguy, maire en charge de la ville et communauté du Croisic ; François Le Pourceau, écuyer ; sieur de Kcario, de la Grée Yviquel, ancien maire ; Bellinger ; de Messemé Goupil ; Michel Monfort ; Vincent Le Huédé ; Louis Le Huédé ; Jacques Le Tilly et Guillaume Le Huédé, anciens marguilliers ; Trevenant Loyseau, de Drésigué David et Lartaudière Dubois, anciens directeurs de l'Hôtel-Dieu du Croisic ; de Kval Lefauché, avocat à la Cour ; Benoist et le Bourdic, notaires royaux et plusieurs autres qui se sont retirés.

Réunion du 19 mai 1737.

Commissaires choisis pour l'examen des approvisionnements destinés aux réparations de l'église : Messieurs : de la Grée Yviquel ; Tenguy de Parcjumel, Bellinger et Desbutes Larragon, du Croisic ; M. Sébastien Gaudin, du Pouliguen et les sieurs Jacques Le Tilly et Guillaume Le Huedé, anciens marguilliers de Batz.

Commissaires choisis pour la répartition du rôle des contributions : Messieurs : Bellinger, de Kroux Maillard, Lartaudière Dubois, et de la Piquellero Goupil, du Croisic ; Monsieur de la Riaudière Gaudin, du Pouliguen ; et Messieurs Michel Montfort et Louis Le Huédé, anciens marguilliers et Jean Babvieille et Jacques Le Nué, du bourg et champs de Batz.

Réunion du 7 juillet 1737.

Noms des collecteurs et des cueillettes. — Savoir, de la ville du Croisic : pour la cueillette du *Lanigo*, Guillaume Allaire, fils, et René Daniel, charpentiers ; pour la cueillette de *Notre-Dame*, Allain Lagadec et Guillaume Durand, charpentiers ; pour la cueillette de *Saint-Christophe*, Guillaume

Jacq et Joseph Bertho, et pour la cueillette de *Saint-Yves*, Hiérosme Darty et Guillaume Soreau ; pour le *bourg de Batz* : Noël Le Huedé, du Gouriec, et Jean Le Callo le jeune ; pour Klan et Kdrean : Nicolas Le Callo et Jean Letilly dit Beauregard ; pour Kvalet : René Bourdic et Jean Le Callo ; pour Trégaté : François Le Breton et Jean Brenic, cordonnier ; pour Kmoïson, René Montfort et René Cavalen ; pour Roffiat : Guillaume Nicot et Le Guerver et Guinolay Nicol et pour le Pouliguen et Pinchâteau : Ollivier Doucet et Charles Josseaume, lesquels feront l'amas chacun dans leur cueillette.

Réunion du 9 mars 1738.

De la ville du Croisic : pour la cueillette du Lenigo, les sieurs Jean-Baptiste Guette et Mathurin Dangel ; pour la cueillette de *Notre-Dame*, Julien Darty et Guillaume Morin, maîtres de barques ; pour celle de *Saint-Christophe* : Pierre Tessier, capitaine, et Jean-Baptiste Galpin, marchand ; et pour *Saint-Yves* : René Morand, capitaine et Francois de Lormes, officier. Pour le bourg de Batz : Julien Bourdic, Guinolay Bataille, paludier pour Klan et Kdrean et Puiguer, Jean Cavalen et Jean Benoit, paludiers ; pour Kvalet : François Pen et Nicolas Le Berre le jeune, paludiers : pour Trégaté : Jean Le Callo, menuisier, et Jacques Le Berre, paludier ; pour Kmoisan, Guinolay Nicol, dit Leprince, et Guillaume Le Callo, paludiers ; pour Roffiat : Michel Le Huédé et François Le Berre, paludiers ; pour le Pouliguen et Pinchateau : René Berthelot, mathelot et François Garet, couvreur.

Réunion du 22 juin 1738.

L'Assemblée a nommé pour parrains de cloches, savoir, pour la première cloche, noble homme Pierre Tenguy sieur de Parcjumel, maire en charge de la ville et communauté du Croisic, et pour la seconde cloche, noble homme Pierre

Raphaël, ancien marguillier de cette paroisse, demeurant au Pouliguen, lesquels choisiront pour marraines chacun dans leurs endroits telles personnes qu'il leur plaira.

Réunion du vendredi 26 décembre 1738.

Jour de Saint-Etienne. Messieurs le recteur de Lenicobin le Pourceau, et de Kcario le Pourceau, genstishommes ; de Parcjumel Tenguy, maire en charge ; du Bochet et de la Grée Yviquel, anciens maires ; Raphaël, Michel Monfort, Jean le Tilly, Louis Le Huedé ; de Messemé Goupil, et Guillaume Le Huédé, anciens marguilliers ; Trevenant Loyseau, ancien directeur de l'Hôtel-Dieu du Croisic ; de la Picquelière Goupil, directeur en charge dudit Hôtel Dieu ; et Benoist notaire royal et autres.

INVENTAIRE

Des objets composant la toilette, les bijoux, le mobilier

D'UNE JEUNE FEMME DE LA FIN DU XVIIe SIÈCLE

L'Archéologie est généralement bien sérieuse. Toujours des substructions, des investigations, des déductions, des définitions, des observations, des citations qui certainement n'ont point le don de plaire beaucoup, ou d'intéresser ces dames et ces demoiselles. Aujourd'hui, cependant, nous pensons leur offrir un vrai régal, qui charmera leur légitime curiosité, et les déterminera à feuilleter un peu notre ennuyeux Bulletin, puisqu'il s'agit de la toilette, leur passe-temps préféré.

Nous avons, en effet, à leur présenter l'inventaire des objets composant la toilette, les bijoux, le mobilier d'une jeune femme, vivant à la fin du XVIIe siècle, c'est-à-dire aux beaux jours du règne, de Louis XIV. Espérons que pour une fois, au moins, leurs mains mignonnes s'arrêteront sur les pages d'un livre qui bien souvent n'obtient qu'une froide indifférence.

Mademoiselle Françoise Aubry de la Fosse, née en 1664, appartenait à une famille qui, à la fin du XVIe siècle, possédait, depuis longtemps déjà, les domaines contigus de la Fosse et des Bouroflères, situés paroisse de la Chapelle-Blanche, près Bourgueil en Touraine[1]. Elle mourut le 18 octobre 1700, à la maison de campagne de sa sœur, Madame Barré de la Freslonnière, près Tours.

---

[1] Ces terres d'une contenance de 200 hectares, passées par héritage dans la famille Chenantais, ont été vendues vers 1860.

C'est l'inventaire, fait après son décès, des objets à son usage que nous présentons au lecteur.

Elle était grande tante de René-Jean-Guillaume Aubry, né en 1745 à la Chapelle-Blanche, venu se fixer à Nantes, où il épousa le 25 juillet 1759, Catherine Fleury Doré, et de Martin-Jean-François Aubry, son frère, religieux bénédictin, fixé en dernier lieu au couvent de Vertou, évêché de Nantes.

M. Lallié, aux excellents travaux duquel nous sommes toujours heureux de recourir, cite parmi les 132 Nantais[1], « 4. Aubry, René-Jean-Guillaume, 48 ans ; 5, Aubry, Martin-Jean-François, religieux bénédictin. » Epuisé par les mauvais traitements, les fatigues, les privations, qu'il eut à supporter pendant le trajet, le chef d'escorte le consigna à l'auberge de la Montagne à Blois, où, arrivé le 29, il mourût le 31 décembre 1793.

L'aîné avait été emprisonné au château de Nantes avec son frère le 17 mars 1793. Aucune mention ne se retrouve de la seconde arrestation des deux frères, dans les jours qui précédèrent le départ des malheureux Nantais pour Paris. C'est dans cette ville que mourût M. Aubry de la Fosse, atteint du typhus, à la maison Belhomme, où il était détenu, le 11 nivôse an II, (31 décembre 1793).

Malgré les difficultés et les dangers que présentait alors pour des femmes le long voyage de Paris, Madame Aubry n'hésita pas à l'entreprendre dans le but d'esssayer de sauver son mari, ou tout au moins de le voir une dernière fois. Elle partit à la fin d'avril accompagnée de sa jeune nièce et filleule, Mademoiselle Madeleine Fleury-Chenantais. En arrivant elle apprit que son infortuné mari n'était plus.

Un cachet ayant appartenu à M. René-Amable Aubry, prieur du célèbre monastère des Bénédictins de Marmoutiers, près de Tours, en 1635, supérieur, en 1640, des couvents des

---

[1] *Les Cent trente-deux Nantais*, par Alfred Lallié, Angers, Germain, in-8, 127 pp. 1894.

Bénédictins de la province de Tours, avec rang d'évêque ; un écusson sculpté sur la *patience* de la stalle occupée par un Aubry, prieur de la chapelle[1], *patience* offerte à madame Lejeune de la Martinais, née Chenantais, par le curé de cette paroisse, lors de la démolition assez récente de l'ancienne église, donnent les armes de la famille Aubry : *D'argent à trois lamproies de sable, posées en pal, accompagnées de 7 étoiles ou molettes de même, 2, 4, 1.*

Les deux frères Aubry ont certainement acquis droit de cité à Nantes, mais nous venons de prononer deux fois le nom de Chenantais, honorable entre tous ceux de nos honorables compatriotes, et qui se rattache étroitement à cette famille de Tours. Ils avaient une sœur : Renée-Adélaïde-Amable-Victoire Aubry, qui épousa M. François Chenantais de L'Offerière, receveur des domaines du Roi à Amboise, et décédée à Tours en 1825.

Le 21 juin 1774, madame Chenantais mettait au monde deux jumeaux, dont voici un extrait de l'acte de baptême[2] :

« Le 22 juin 1774, ont été par nous, Dom Martin-Jean-François Aubry, célérier et dépositaire de l'abbaye de Cormery, baptisés, Etienne-François et Etienne-François-Martin, enfants jumeaux, nés le jour précédent, fils de François Chenantais de l'Offérière, receveur des Domaines du Roy à Amboise, et de dame Renée-Magdelaine-Amable-Adélaïde-Victoire Aubry, sa légitime épouse.

« Ont été parrain et marraine de l'un et de l'autre : Très haut et très puissant seigneur Monseigneur Etienne-François

---

[1] Stalle, siège de chœur d'une église, se levant et se baissant à volonté. Baissée elle présente un siège assez bas. Levée elle offre sur le siège une sorte d'appui en forme de cul-de-lampe, nommée *miséricorde* ou *patience*. Dans le principe la règle voulait que l'on chantât debout ; cet espèce de demi-siège ne fut ajouté que par tolérance, afin de soulager les personnes âgées.

[2] « Extrait des registres de baptêmes, mariages et sépultures de la paroisse de Saint-Florentin d'Amboise, département d'Indre-et-Loire, année 1774, délivré par nous Maire d'Amboise, le 8 mai 1871, signé : MOREAU, *adjoint*. »

de Choiseul, duc de Choiseul — Amboise, pair de France, marquis d'Estainville et de la Bourdaisière, chevalier des ordres du Roy et de la Toison d'Or, lieutenant général des armées de Sa Majesté, gouverneur et lieutenant-général de la province de Touraine, gouverneur et grand bailly de Mirecourt et du pays des Vosges Oberlandrogt, grand bailly de la préfecture Lagueneau, ministre d'Etat, et très haute et très puissante dame, madame Louise-Honorine Crozat du Chatel, duchesse de Choiseul-Amboise, épouse dudit seigneur, son mari............ »

Etienne-François-Martin, fils de François Chenantais et d'Amable-A-V. Aubry, épousa Mademoiselle Marie-Madeleine Brobant dont il eut entre autres enfants :

Joseph-Fleury Chenantais, né le 5 octobre 1809, marié le 4 novembre 1839 à Mademoiselle Josephine-Victoire Monnier du Pavillon.

Il suffit de citer le nom de l'architecte Chenantais, pour se trouver de suite en présence de sympathiques souvenirs.

Elève de Scheult, de Garnaud, de l'école des Beaux-Arts, membre de la commission départementale des bâtiments civils, chevalier de la Légion d'honneur en 1855, cet artiste au talent vraiment populaire, M. Chenantais à laissé à Nantes : *Le Palais de Justice*, ouvert en 1853 (en collaboration avec M. Scheult ; L'église de *Notre-Dame-de-Bon-Port*, 1846-1858 ; *L'Hôtel-Dieu*, 1856-1865 ; *Manufacture royale des tabacs*, 1857 ; *Cercle des Beaux-Arts*, 1858 ; *La prison*, 1869 : *La gendarmerie, le théâtre de la Renaissance*. Outre ces œuvres importantes, il construisit encore nombre de *maisons* et d'*hôtels* dans la ville, de châteaux, d'écoles, de mairies et d'églises dans le département ; la *mairie*, les *halles* d'Ancenis ; les *gares* de Paris-Orléans, Nantes et Ingrandes, etc...

Son fils Eugène a noblement suivi les traces de son père.

Entré au corps des sapeurs-pompiers, le 3 août 1845, commé chef de bataillon, Chenantais sût bien vite s'y concilier l'estime de ses subordonnés. Il mourut, en activité de service, le 1ᵉʳ novembre 1868, à l'âge de 59 ans.

A la séance du 20 novembre suivant du Conseil d'administration, le procès-verbal dit : « Avant de passer à l'ordre du jour, le corps d'officiers tient à manifester sur le registre de ses délibérations l'expression de ses regrets de la perte qu'il a faite en la personne de son commandant, Monsieur Joseph Chenantais, décédé, le 1ᵉʳ de ce mois, puis comme témoignage d'estime et d'amitié, il décide, à l'unanimité, qu'un buste, en bronze de son aucien commandant, sera érigé à sa mémoire par le bataillon, sur son tombeau. A cet effet une liste de souscription sera ouverte dans les différentes compagnies... »

Le buste très ressemblant, représentant le commandant en uniforme, est dû ou ciseau artistique du sculpteur nantais Ménard.

Le docteur Jules-Louis Chenantais, très apprécié à Nantes, était frère de l'architecte, qui avait pour sœurs Mademoiselle Clarisse-Adelaïde Chenantais, femme de M. Pierre-René de Veillechèze, notre confrère à la Société d'Archéologie.

Une troisième sœur, nous avons déjà cité Madame Le Jeune de la Martinais. Mademoiselle Stéphanie Chenantais, épousa M. Constantin Montfort, capitaine au long-cours, etne doit pas être oubliée. Elle a, en effet, donné à notre ville un médecin très apprécié comme son oncle, et un architecte de talent, longtemps membre de notre Société, dont il a enrichi le Bulletin d'une fort bonne étude sur la porte de la ville dite de Saint-Pierre, près l'évêché.

Jules-Charles-Etienne-Montfort, né à Nantes le 8 mai 1844 ; élève de Questel et de l'école des Beaux-Arts, deuxième grand prix de Rome, architecte diplômé, membre de la *Société centrale des architectes de Paris.* Au salon nantais de 1886, on voyait de lui : *Château de Kerfily*, commune d'Elven, trois chassis et un cadre ; *Manoir de la Chantelière*, commune de Vertou, un cadre. Pour cette exposition M. Montfort reçut un diplôme décerné par la ville de Nantes, (*Art ancien et Archéologie*).

Cette digression, un peu longue peut-être, a pour objet de démontrer que l'intéressant Inventaire de Mademoiselle Aubry de la Fosse a bien droit de cité à Nantes ; et nous aimons à croire qu'en raison de sa bonne origine, il sera favorablement accueilli par nos honorés confrères.

S. DE LA NICOLLIÈRE-TEIJEIRO.

INVENTAIRE

DÉS OBJETS COMPOSANT LE MOBILIER, LES BIJOUX ET LA TOILETTE
D'UNE JEUNE FEMME A LA FIN DU XVIIme SIÈCLE.

1 Robe de chambre doublée de bleu.

1 Petit corset avec une dentelle d'argent, le devant couvert
de moire d'argent.

1 Devantière de cheval, étamine et rubans jaunes.

1 Courtin de drap minime.

1 Petit tablier tafetas bleu.

1 Coiffure de taffetas noir.

1 Coiffure de dentelle Cambray et Bourgogne[1].

1 Autre coiffure de Cambray mouchetée, garnie de dentelle
à réseau, le surtout et la Bourgogne tout montée, garnie
d'un ruban couleur de rose.

1 Stinkerque de mousseline claire[2].

1 Coiffure de nuit garnie d'une dentelle à réseau grandes
fleurs.

1 Autre coiffure à petite dentelle, à brides avec son bonnet,
garnis de chacun leur fond.

1 Paire de manchettes plates garnies de mousseline rayée ;
2 autres paires de manchettes garnies de mousseline de
baptiste.

1 Paquet manchettes de mousseline. — Une pièce de corps
d'argent à fleurs.

---

[1] Bourgogne et Cambrai, sortes de dentelles, le nom de la dernière est encore
très usité.

[2] Steinkerque, grand mouchoir de coton ou de soie, que les femmes mettent
autour du cou et dont les deux bouts pendent devant, ou sont entrelacés
dans les rubans ou lacets de leurs corsets. Elles lui donnèrent ce nom en
France, après la bataille de Steinkerke, en 1692.

1 Corset de futaine garni d'un tour de gorge de linon garni
de dentelle à réseau et pièce de satin blanc.

1 Ceinture blanche rayée de noir ; deux boutons avec pen-
dants d'argent.

1 Étui à peignes, la pelotte garnie de dentelle et un rond
couvert d'un ruban couleur de cerise.

1 Toilette de toile de coton avec une dentelle à réseau autour.

4 Paires de bas de soie blanche ; 2 paires de bas de soie
une violette et une rouge ; Plusieurs autres paires de
bas de laine et un paquet de chaussettes.

1 Paquet gants de soie, mitaines, gants de baptiste.

1 Miroir de toilette enchassé d'ébène, garni d'argent, son
ruban et sa boîte.

1 Masque couvert de drap noir.

1 Paire de souliers avec ses boucles d'acier.

2 Paires de souliers en maroquin rouge garnis de rubans
d'argent.

1 Paire de pantoufles rubans argent.

1 Surtout et sa Bourgogne de mousseline rayée.

1 Manteau de taffetas rayé jaune et rubis, doublé de chagrin
rubis, et la jupe de pareille étoffe de chagrin doublée de
taffetas bleu rayé.

1 Corps tout neuf piqué, doublé d'un taffetas aurore avec
sa pièce d'argent fin brodé.

1 Vieux corps dont le devant est de chagrin noir.

1 Manteau de ras Saint-Maur.

1 Autre manteau vénitienne rayé blanc, à petites fleurs
doublé de taffetas vert.

1 Autre manteau de drap noir et sa jupe.

1 Tapis de Turquie vraie Perse.

4 Ecrans et manches doublés de vert.

1 Surtout, sa Bourgogne, ses manchettes à 3 rangs et le tour
de gorge de linon uni, le tout garni de franges.

1 Surtout avec sa Bourgogne tout soie de Perse et manches
à 2 rangs de mousseline et un petit fil autour.

2 Coiffures de mousseline rayée, l'une de linon uni et l'autre rayé.

1 Bonnet et une cornette avec leurs fonds garnis de dentelles, l'un à réseau, l'autre à bride.

1 Toilette de toile de coton garnie de dentelles à réseau.

2 Etuis à peigne l'un brodé, l'autre de toile garnie de dentelles avec 2 dessus de pelottes aussi garnis de dentelle.

1 Coiffure, les surtout de Bourgogne de linon, toute neuve, mouchetée, garnie d'une mignonnette à brides avec une paire de manches plates aussi de linon moucheté.

1 Paire de manches froncée toile de Hollande avec une petite dentelle à réseau.

1 Tablier de taffetas garni d'une grande dentelle d'argent fin.

1 Fontange doublée jaune et argent[1].

1 Autre nœud de rubans blancs et couleurs cerises avec le nœud de ruban de devant.

1 Autre nœud de rubans à frange noire.

1 Paladin doublée d'un ruban bleu.

1 Botte contenant des glands de soie cramoisie.

1 Mantelet soie à petites fleurs blanches doublé de pelleterie blanche.

1 Jupe de falbalas rayé vénitienne à fleurs avec trois quarts de même étoffe, la jupe doublée de taffetas.

1 Jupon de damas blanc doublé de toile de Hollande.

1 Jupon vénitienne rayée.

1 Peignoir de nuit garni de dentelles.

1 Jupon damassé rayé de bleu, doublé de toile café.

1 Echarpe en falbalas de taffetas blanc et noire.

1 Autre écharpe en falbalas noir.

1 Manchon d'oursin.

---

[1] *Fontange*, nœud de ruban que les dames portent sur le devant de leur coiffure, un peu au-dessus du front, et qui lie la coiffure. Ce nom vient de Mademoiselle de Fontanges qui la première porta un nœud semblable. — *Trevoux.*

58 Mouchoirs à moucher, torchons, tabliers froncés et tapis
 serge verte, chemises, camisoles de bazin, 16 cornettes
 dè nuit, coëffes de nuit, jupons de dessous, etc.

1 Peignoir de nuit garni de dentelles.

1 Paire d'Heures avec des agraffes d'argent.

1 Livre de l'*Imitation de J.-C.* avec fermoirs d'argent.

1 Autre livre de rouge couvert.

1 Livre couvert en veau, composé de deux tomes.

1 Autre livre qui a pour inscription : « *L'Oratoire du cœur.* »

4 Petits livres.

» Les paraphrases sur les *Psaunies* de David.

1 Autre livre qui a pour titre : « *Le Guide spirituel.* »

1 *Semaine sainte* couverte en maroquin avec un reglet
 garni de semence de perles[1].

1 Collier de perles fines de 77 perles et une séparée.

1 Diamant et 1 boucle estimés 600 livres (ces deux objets
 ont été offerts à la dame Barré de la Freslonnière en
 reconnaissance des soins donnés à sa sœur.)

1 Pot d'argent à l'ancienne mode pesant 2 marcs 1/2
 (ou 0,625 grammes, le marc représentant 0,250 gr.)

» Couverts.

2 Coutelières de chacune une demi-douzaine de couteaux à
 manches d'ivoire garnis d'argent.

1 Tenture de tapisserie verdures[2] composée de 8 morceaux
 avec ses soubassements, estimés 450 l.

12 Chaises et fauteuils en tapisserie à rotes garnis d'une
 frange de soie, estimés 300 l.

5 Tabourets de paille, étoffe de tapisserie.

1 Petite chaise également de tapisserie.

5 Caquetoirs couverts de damas rayé écarlate et blanc,
 neufs[3].

---

[1] *Reglet* ou *régnet*, petit ruban pour servir de marque dans les livres.

[2] *Verdure*, tapisseries verdures, ornées de feuillages verts.

[3] *Caquetoire* fauteuil sur lequel on causait à son aise au coin du feu. Du verbe caqueter. — *Dict.* Richelet.

4 Autres caquetoirs de tapisserie.

48 Serviettes et nappes ouvrées.

103 Serviettes de toile.

18 Nappes.

20 Draps fins.

1 Lit avec ciel de lit feuilles mortes, composé de huit pièces et le fond garni de ses paumes et rubans. Autres lits, matelas, couëttes, oreillers, couvertures laine, courte-pointes, etc.

Pour la défunte : une année et demie de messes.

Trente autres messes pour les âmes du Purgatoire.

Pour copie conforme :

Nantes, le 1ᵉʳ octobre 1898.

A. DE VEILLECHÈZE.

TABLE DES MATIÈRES

Le général de la paroisse de Batz,(1732-1738), par M. E. ORIEUX.   193

Inventaire des objets composant la toilette, les bijoux, le mobilier d'une jeune femme de la fin du XVIIe siècle, par M. DE LA NICOLLIÈRE-TEIJEIRO.   213

Vannes. — Imp. LAFOLYE, 2, place des Lices.

BULLETIN

DE LA

SOCIÉTÉ ARCHÉOLOGIQUE

DE NANTES

ET DU DÉPARTEMENT DE LA LOIRE-INFÉRIEURE

TOME TRENTE-NEUVIÈME

Année 1898

DEUXIÈME SEMESTRE

NANTES

BUREAUX DE LA SOCIÉTÉ ARCHÉOLOGIQUE

—

1898